Autorin & Illustratorin

Susanne Bohne studierte Germanistik und arbeitete als Designerin, bevor sie - inspiriert von ihrer Tochter - anfing, Kinderbücher mit "Wilma Wochenwurm" zu schreiben und zu illustrieren. Sie findet, dass Humor eine gute Überlebensstrategie ist und dass die kleinen Dinge des Lebens oft größer sind, als sie scheinen. Davon erzählt auch ihr Roman „Das schräge Haus", der im Rowohlt Taschenbuch Verlag erschienen ist.

Auf ihrem Blog "Hallo liebe Wolke" spricht Susanne Bohne mit Wolken über ihren Alltag zwischen Schriftstellerin und Mamasein, und stellt viele ihrer Geschichten für Kinder kostenlos zur Verfügung.

Wilma Wochenwurm

Wilma ist nicht nur ein schlauer, sondern auch ein sehr neugieriger Wurm, der mit Kindern ab 4 Jahren viele spannende Abenteuer erlebt. Ihre Geschichten, die immer zum Mitmachen und Lernen geeignet sind, haben schon viele, viele Kinder in Kita, Vorschule und Grundschule begeistert.

Besuch sie doch mal unter

halloliebewolke.de

Susanne Bohne

Wilma Wochenwurms Portfolio Vorlagen

BAND 1 – DAS BIN ICH

Liebevoll handgezeichnet
für den Portfolio-Ordner

Inhalt 

Das ist das
PORTFOLIO
von
wilmas-material.de

Ich he
So alt bin ich.
(Male aus!)

Heute ist mein
GEBURTSTAG
Datum
wilmas-material.de

Mein Fingerabdruck

Meine
Eingewöhnung
Platz für ein Foto meiner Eingewöhnungszeit

Hier komme ich her
IN DIESEM LAND
BIN ICH GEBOREN:
IN DIESEM LAND
LEBE ICH
AUS DIESEM LAND KOMMEN MEINE ELTERN
DIESE SPRACHEN SPRECHE
(ODER VERSTEHE) ICH:
ZUHAUSE SPRECHE
ICH MIT MEINER
FAMILIE DIESE
SPRACHEN

ALLe vorlagen auch
farbig herunterladen
Mit deinem Download-
code auf Seite 42

 Vorwort

Liebe LeserInnen,

ich freue mich sehr, dass du dich für meine Portfolio Vorlagen entschieden hast. Übrigens: In diesem Vorwort duze ich dich. Weil ich mich dir und deiner täglichen, herausfordernden Arbeit sehr verbunden fühle. Ich weiß, was du leistest. Ja, das tue ich wirklich. Es gibt wohl nicht viel anderes, das so wichtig für unsere Zukunft ist, als die pädagogische Arbeit mit Kindern.

"Und wie kommt nun eine Kinderbuchautorin dazu, Portfolio Vorlagen zu gestalten?", fragst du dich? Nun, da ich meine Kinderbücher selbst illustriere, und weil ich im Laufe der Zeit immer wieder Anfragen dazu erhalten habe, war der Schritt nicht mehr allzu groß. Und weil mittlerweile schon „wurmig" viele von euch mit meiner Wilma Wochenwurm arbeiten, lag es nahe, die Portfolios einheitlich zu gestalten.

Mit der Unterstützung erfahrener ErzieherInnen sind nun diese Vorlagen für deine Portfolio- arbeit entstanden. Sie sollen dich ein bisschen unterstützen und deine Arbeit erleichtern. Den Kindern sollen die Vorlagen Spaß machen. So wird die Portfoliomappe zu einem einzigartigen Kunstwerk im Wilma Wochenwurm-Stil - und zwar das einzigartige Kunstwerk der Kinder!

In BAND 1 findest du Vorlagen, die sich rund um das Thema „DAS BIN ICH" drehen.

In diesem Heft enthalten sind schwarz-weiße Vorlagen. Die farbigen Vorlagen lädst du dir ein- fach mit deinem Downloadcode herunter. In die Fotorahmen auf den Vorlagen passen handels- übliche 10x15cm bzw. 9x13cm große Fotos.

 **Auf Seite 42 findest du deinen Downloadcode. Damit kannst du dir alle Vorlagen dieses Hefts, in schwarz-weiß UND in Farbe PLUS alle Vorlagen als ausfüllbares PDF, herunterladen.**

Nun wünsche ich dir viel Spaß mit den Vorlagen und möchte dich noch kurz darauf hinweisen:

- Bitte gib dieses, jetzt dein!, Heft und die Download-Dateien nicht an Dritte weiter.
- Die Vorlagen sind ausschließlich zum pädagogischen Gebrauch.
- Du darfst die Vorlagen nicht verkaufen. Auch nicht in abgewandelter, veränderter oder über- setzter Form. Bitte entferne nicht meine Copyrights.
- Die Vorlagen dürfen nicht ins Internet gestellt werden!
- Solltest du Fragen haben, dann schreib mir gern: hilfe@wilmas-material.de

Ich danke dir!

Susanne Bohne

KOSTENLOSE GESCHICHTEN auf meinem BLoG
halloliebewolke.com

Ich heiße:

So alt bin ich.
(Male aus!)

wilmas-material.de

↑ DATUM

150
100
50
0

MEINE
GRÖSSE
IN CM

Mein Fingerabdruck

Mein Name ist:
↑DATUM
So ALt Bin Ich
Meine Grösse in cM
Mein Fingerabdruck
wilmas-material.de
150
100
50
0

Das bin ICH

↑Datum

Das bin ICH
↑ Datum

Meine
FAMILIE

Zu meiner Familie gehören

↑ DATUM

Meine Mama

heißt:

Meine Mama kann
richtig toll

Das mag meine
Mama besonders

Das möchte ich gerne
mal mit meiner
Mama machen

Das mag ich an meiner
Mama so sehr

Mein Papa

heißt:

Mein Papa kann richtig toll

Das mag mein Papa besonders

Das möchte ich gerne mal mit meinem Papa machen

Das mag ich an meinem Papa so sehr

wilmas-material.de

Meine Schwester

heißt:

Mein Bruder

heißt:

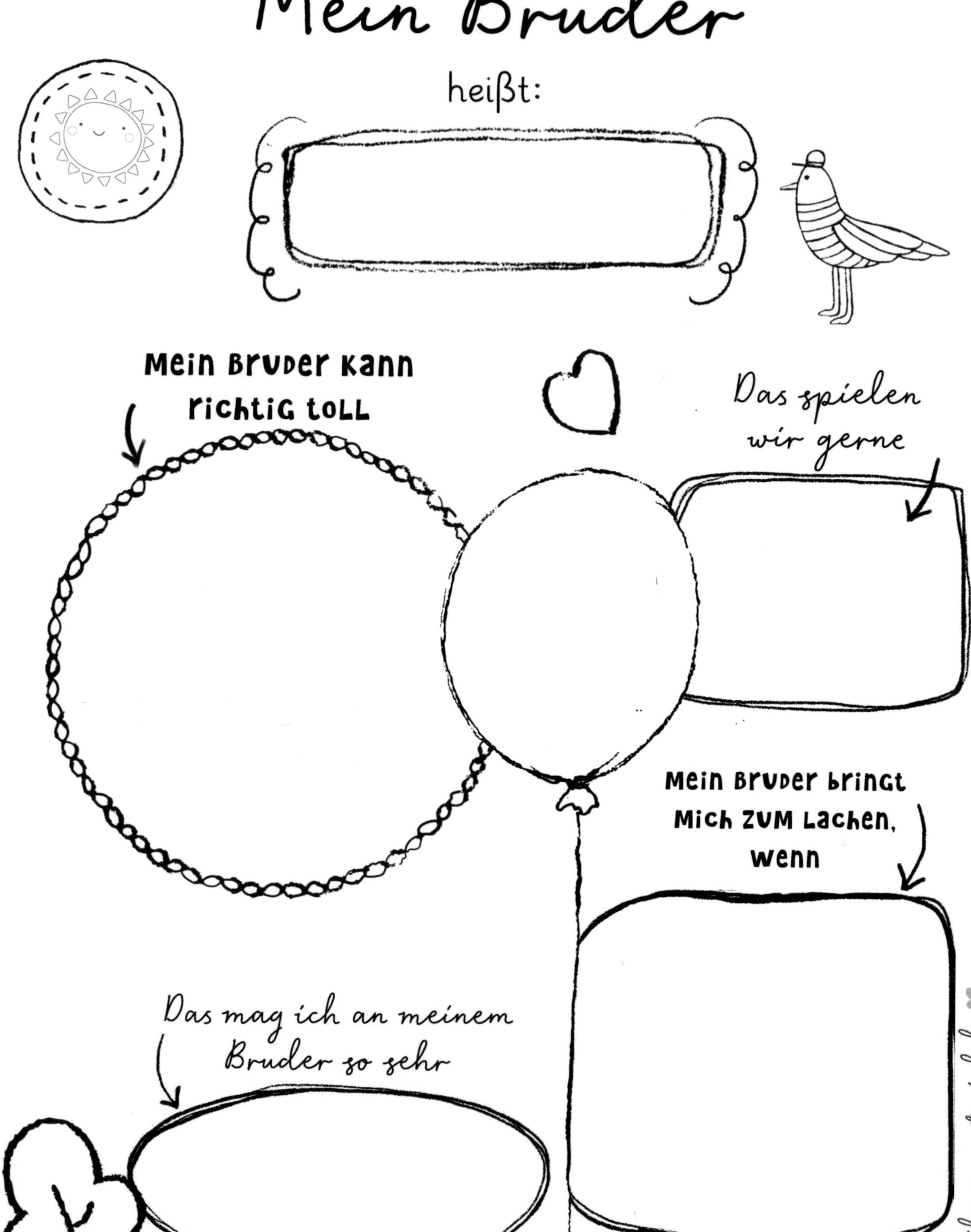

Hier komme ich her

IN DIESEM LAND
BIN ICH GEBOREN:

IN DIESEM LAND
LEBE ICH ↓

AUS DIESEM LAND KOMMEN MEINE ELTERN

DIESE SPRACHEN SPRECHE
(ODER VERSTEHE) ICH:

ZUHAUSE SPRECHE
ICH MIT MEINER
FAMILIE DIESE
SPRACHEN

↑ DATUM

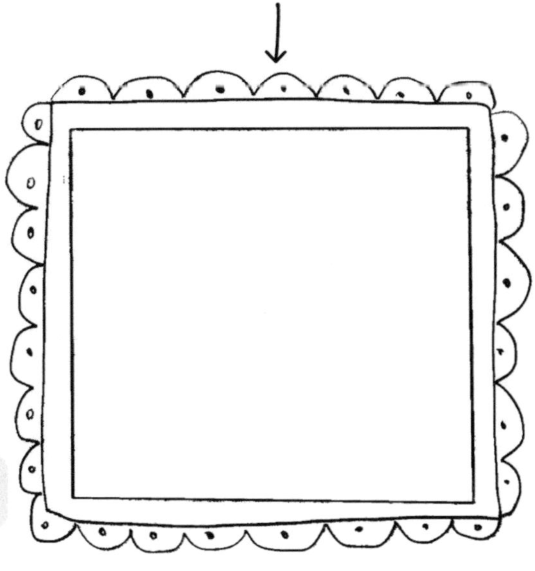

↑DATUM

Platz für ein Foto meiner Eingewöhnungszeit

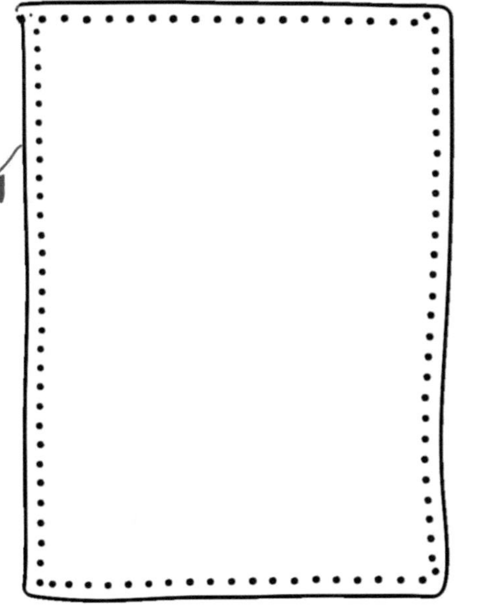

↑ DATUM

Meine Eingewöhnung

in der

____

NAME DER GRUPPE

____

hat mich dabei begleitet

MEIN NAME

____

ist/sind meine Bezugsperson/en
in der Einrichtung

Der erste Tag war so für mich:

____

____

____

Damit habe ich gespielt & mich beschäftigt:

____

____

____

Datum

wie sehe ich aus?

Das Bild von mir habe ich am .... ganz allein gemalt!
↑DATUM

Mein Geburtstag

am:

So alt
bin ich
geworden

Heute ist mein
GEBURTSTAG
Datum
wilmas-material.de

ich wachse!

CM

↑

so gross
bin ich

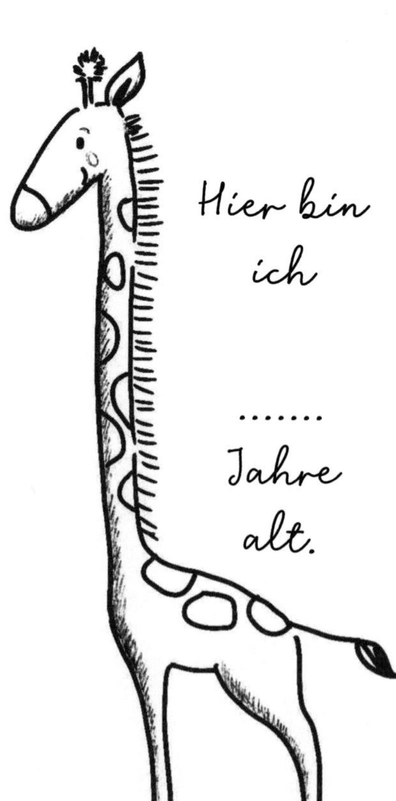

Eine Geschichte über Mich

Kinderinterview

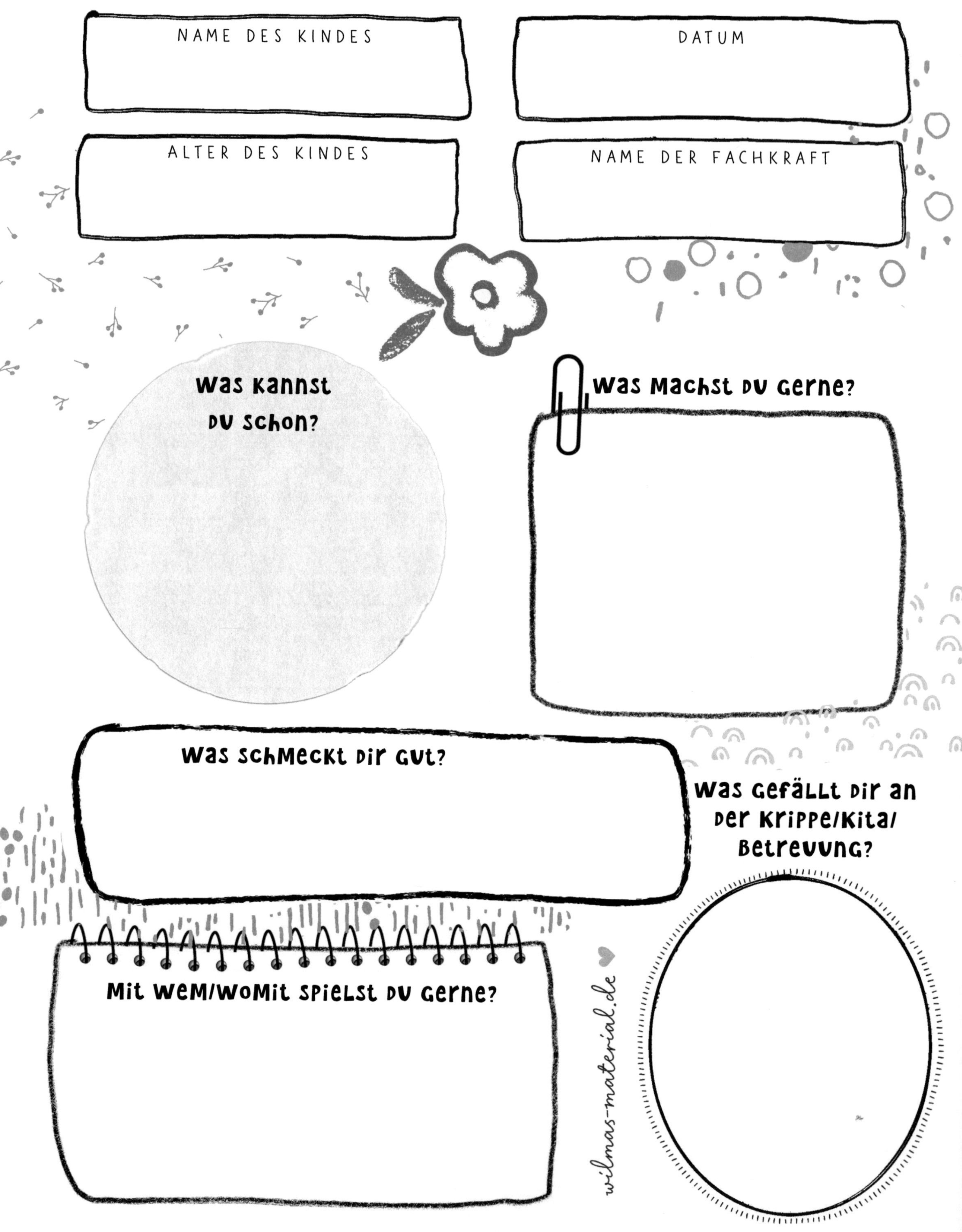

Meine Freunde & ich

Meine Freunde heissen

↑ DATUM

↓ Ein Foto oder eine Zeichnung von meinen Freunden

Das mache ich am liebsten mit meinen Freunden

Meine Freunde & ich

Mein trever Begleiter

Mein Haustier

↓ MEIN/E HAUSTIER/E SEHEN SO AUS

MEIN/E HAUSTIER/E HEISST/HEISSEN

Das kann es/können sie gut

Mein Haustier ist ein / Meine Haustiere sind

Ich mag mein/e Haustier/e, weil:

Das will ich mal werden

WENN ICH GROSS BIN, WERDE ICH:

So werde ich dann aussehen

wilmas-material.de

↑ DATUM

Mein Handabdruck

AM:...............................

Mein Fußabdruck

AM: ....

wilmas-material.de ♥

DaMit spiele ich gerne

Das habe ich gelernt

ICH HABE ETWAS NEUES GELERNT

↓ Foto/Zeichnung

↑ DATUM

wilmas-material.de ♥

Das habe ich gelernt

ICH HABE ETWAS NEUES GELERNT

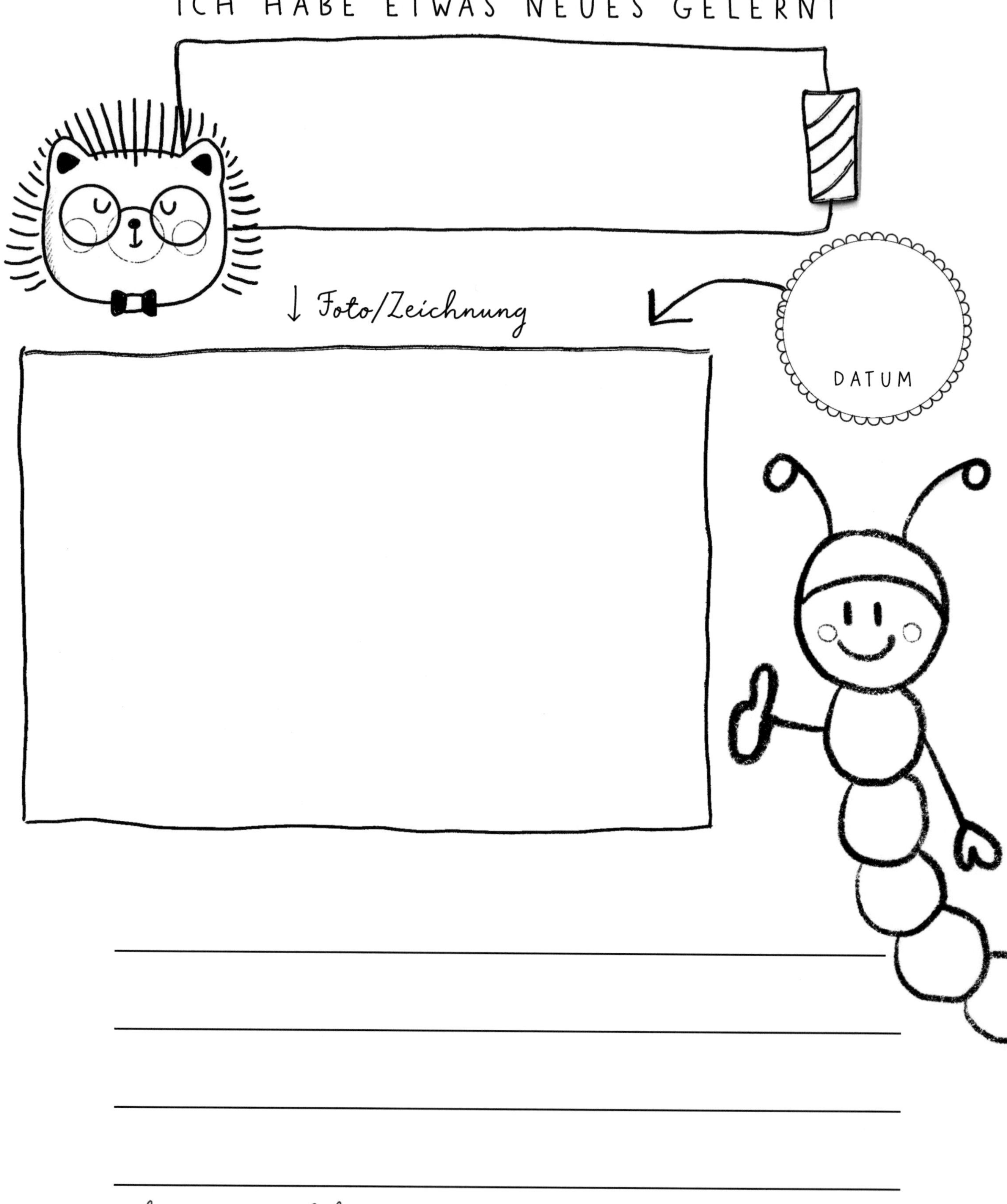

↓ Foto/Zeichnung

DATUM

wilmas-material.de

meine kunstwerke

Dieses Bild habe ich am .... gemalt/gestaltet!
↑DATUM

meine Kunstwerke

Dieses Bild habe ich am .... gemalt/gestaltet!
↑DATUM

meine Bauwerke

Das habe ich am .... gebaut!

↑DATUM

Meine ersten Worte
MEIN ERSTES WORT
FOTO/ZEICHNUNG
Ich kann auch schon diese Worte sagen.
Mein erstes Wort habe ich an diesem Tag gesagt:
Datum
wilmas-material.de

MEiLensteine

DAS HABE ICH HEUTE ZUM ERSTEN MAL GEMACHT:

↓ Foto/Zeichnung von

Datum

SO GING ES MIR DABEI

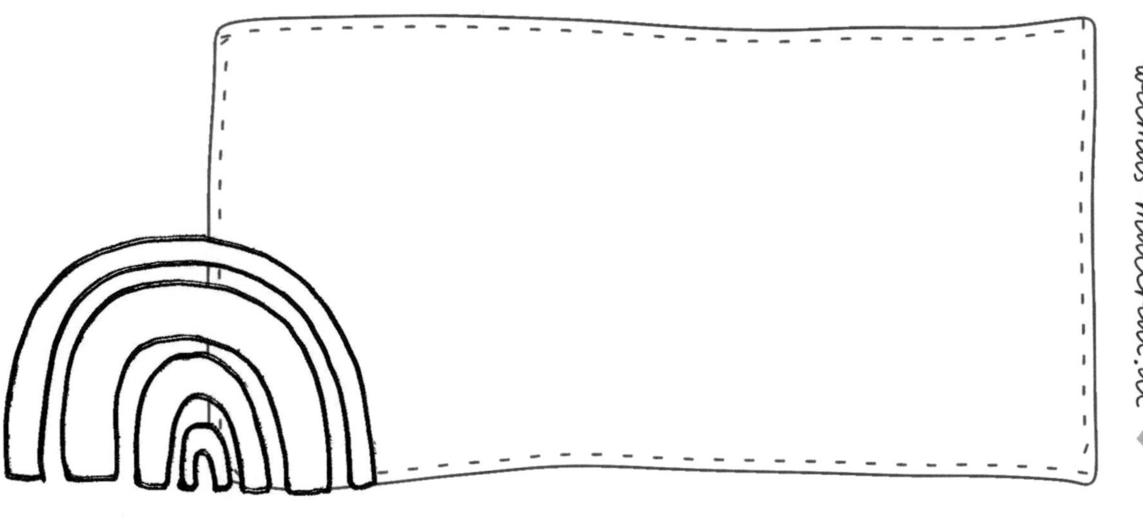

Lade dir alle Extras zu diesem Heft herunter

So geht's:
1. Scanne den QR-Code oder tippe den Link genau so, wie er unten steht, in deinen Browser ein.
2. Gib das Passwort in das Feld ein.
3. Nun bist du auf der Downloadseite.
4. Du findest dort folgende Dokumente:

- Alle Vorlagen in schwarz-weiß & farbig als PDF-Datei zum Ausdrucken
- Alle Vorlagen als ausfüllbares PDF für die digitale Verwendung

Bitte gib die Zugangsdaten nicht weiter!

Ich freue mich sehr, wenn du Wilma und mich weiterempfielhst und wenn du Zeit für eine kurze, positive Rezension hast, wäre das einfach toll!

https://wilmas-material.de/produkt/portfolio-vorlagen-band1/

Passwort: kqx4ecGMu

Die wunderbaren Geschichten von Wilma Wochenwurm

Meine Wilma Wochenwurm ist nicht nur ein neugieriger, sondern auch ein sehr liebenswerter Wurm, der Kindern ab 4 Jahren hilft, die Welt um sie herum auf kreative und spielerische Weise zu erkunden.

Mittlerweile ist Wilma schon ziemlich weit herumgekommen und ihre Bücher wurden bereits in 6 Sprachen, darunter Englisch, Französisch, Schwedisch und Finnisch, übersetzt.
Die Geschichten von Wilma Wochenwurm und ihren Freunden, die immer spannende und lustige Abenteuer auf ihrer Wiese erleben, sind bei ErzieherInnen besonders beliebt. Warum? Weil sie neue Impulse setzen. Außerdem sind sie mit Herz illustriert und mit Übungen, Vorlagen und Arbeitsblättern versehen, die Kindern beim Lernen und Wachsen helfen. Auf ganz kindgerechte, "wurmstarke" Art.

Auf meinem Blog, dort wo Wilma entstanden ist, findest du eine große Auswahl an kostenlosen Geschichten, die für Kinder in Kita und Grundschule geeignet sind. Egal, ob du eine Gutenachtgeschichte suchst oder mit Wilma die Wochentage lernen möchtest; es ist bestimmt etwas für deine Kinder und dich dabei. Viel Spaß beim Lesen und Entdecken!

→ **halloliebewolke.com**

→ **wilmas-material.de**

Heute ist etwas passiert!

DAS IST HEUTE PASSIERT

↓ Foto/Zeichnung

SO HABE ICH DAS ERLEBT

↑ DATUM

Das schaffe ich schon

Ich schaffe schon ganz toll:

SO FÜHLE ICH MICH

DATUM

Das esse ich am Liebsten

Das ist mein
Lieblingsessen

wilmas-material.de

↑ DATUM

Meine Lieblingsfarbe/n

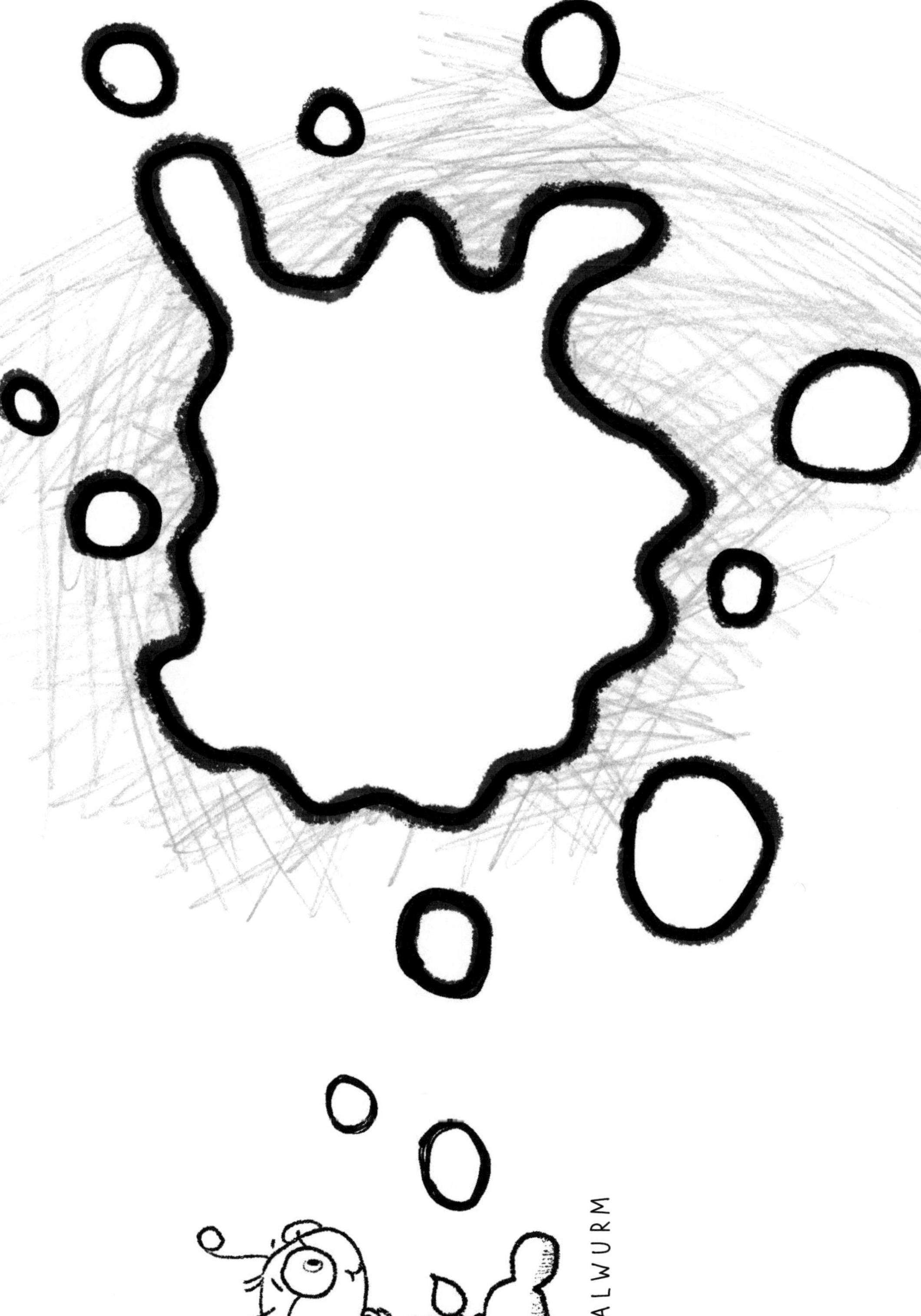

MATS MALWURM

Mein Lieblingsbuch

MEIN LIEBLINGSBUCH HEISST

↓ so sehe ich beim Lesen aus

DAS LESE ICH SONST NOCH GERNE:

↑ DATUM

mein TaGesablauf

DATUM

Mein Tagesablauf

ich mag musik

MEINE LIEBLINGSLIEDER:

Ich/wir
musiziere/n ↓

DATUM

Das Mögen andere an mir

Mein Abschied

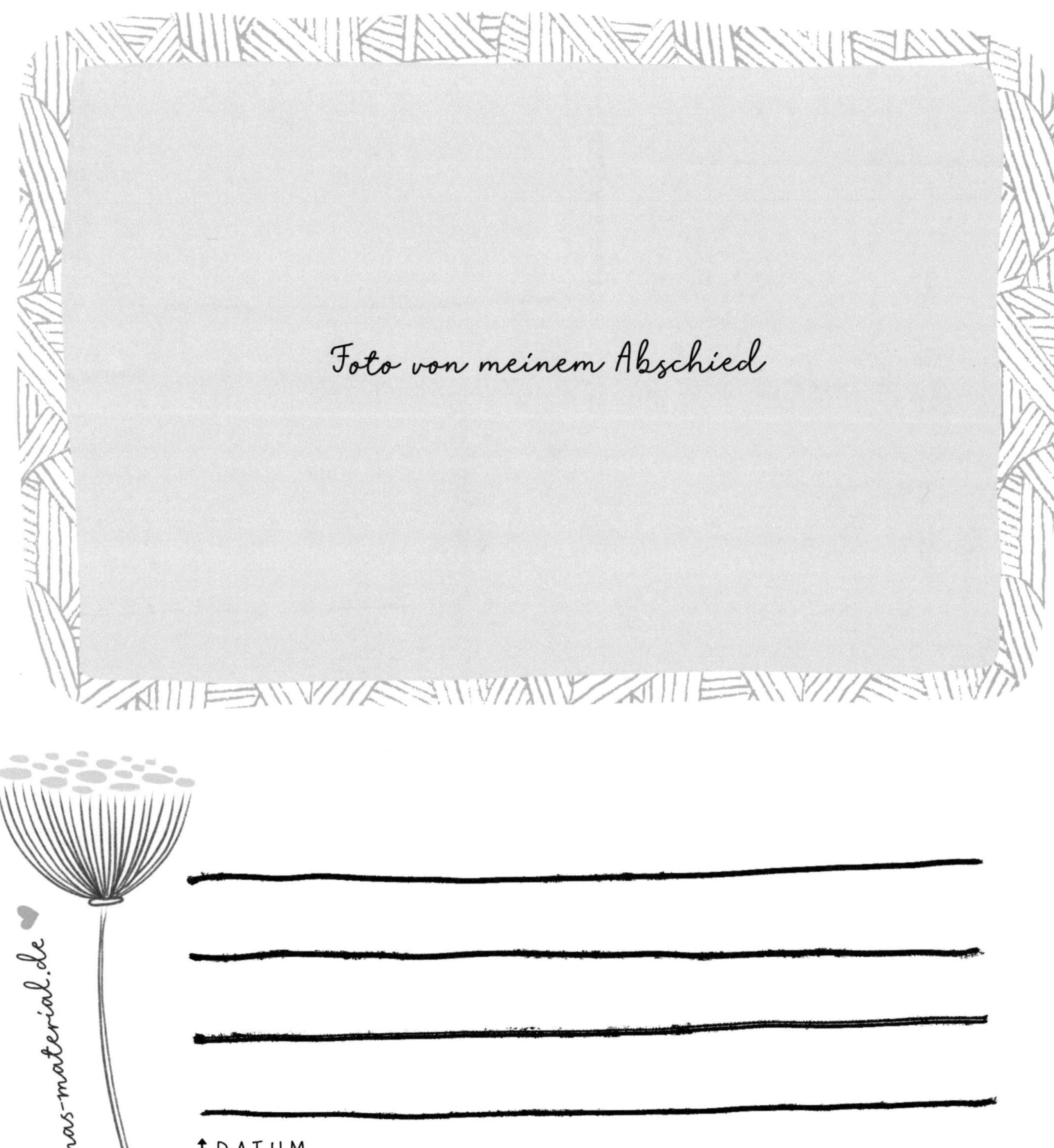

↑ DATUM

Mein Abschied

____
DATUM

Abschied

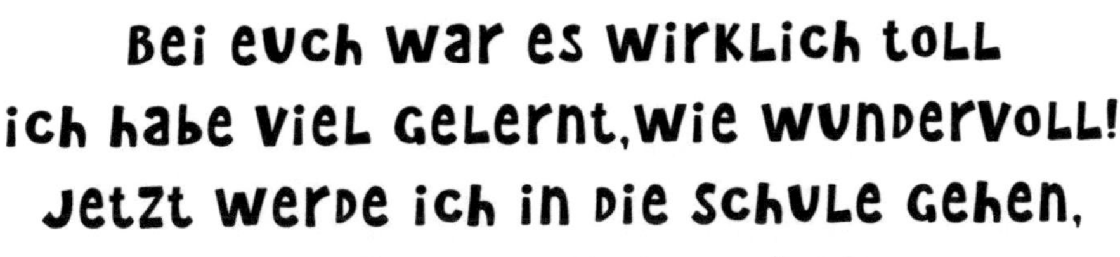

Bei euch war es wirklich toll
ich habe viel gelernt, wie wundervoll!
Jetzt werde ich in die Schule gehen,
und freue mich auf ein
Wiedersehen!

Meine Gruppe und meine
ErzieherInnen hießen:

Mein **erster Tag** war am:

Mein **letzter Tag** war am:

Das alles habe ich gelernt und kann
es jetzt schon richtig gut!

Am liebsten habe
ich das gemacht:

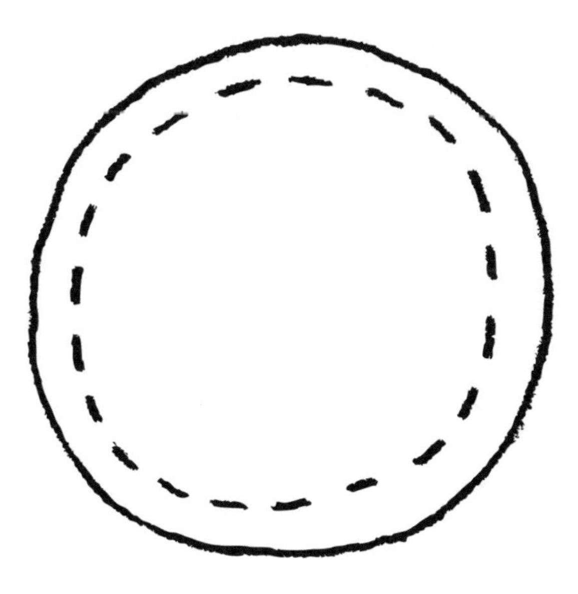

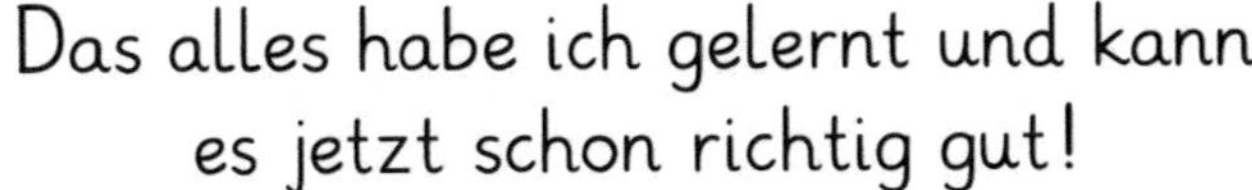

Das ist das PORTFOLIO

von

Das ist das Portfolio von

wilmas-material.de ♥

Dieses Portfolio gehört

wilmas-material.de ♥

Das ist das Portfolio

von

DIESES PORTFOLIO GEHÖRT

Diese MAPPE ist von

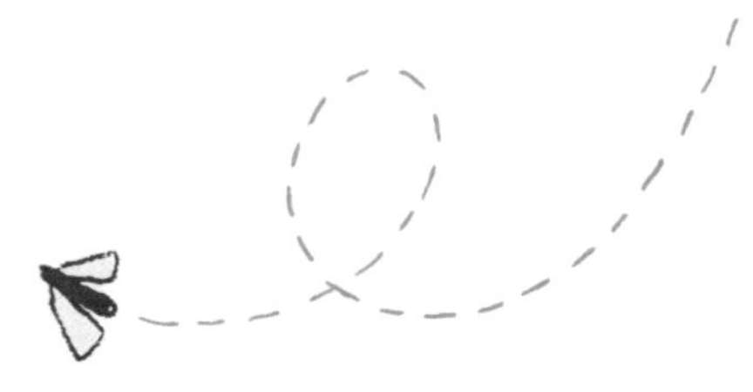

Blanko Vorlagen
für Lerngeschichten, Fotos usw.

↑ Datum

wilmas-material.de

VIELE TOLLE MATERIALIEN (PORTFOLIO VORLAGEN, LEGEKREISE, FENSTERBILDER UND VIELES MEHR) FINDEST DU IN WILMAS LADEN!

wilmas-material.de